Impressum
Verlag: BABADADA GmbH, Nedderfeld 112 , 22529 Hamburg
Geschäftsführer / Verlagsleitung: Harald Hof
Druck: Books on Demand GmbH, In de Tarpen 42, 22848 Norderstedt

Imprint
Publisher: BABADADA GmbH, Nedderfeld 112 , 22529 Hamburg, Germany
Managing Director / Publishing direction: Harald Hof
Print: Books on Demand GmbH, In de Tarpen 42, 22848 Norderstedt

koulu
sekolo

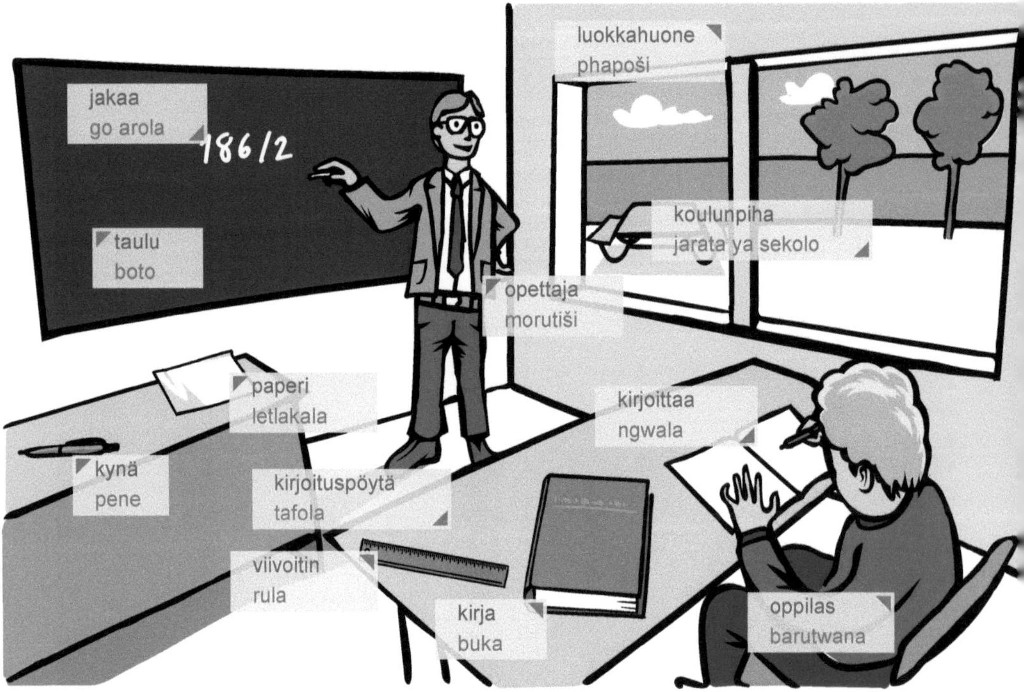
luokkahuone
phapoši
jakaa
go arola
186/2
taulu
boto
koulunpiha
jarata ya sekolo
opettaja
morutiši
paperi
letlakala
kirjoittaa
ngwala
kynä
pene
kirjoituspöytä
tafola
viivoitin
rula
kirja
buka
oppilas
barutwana

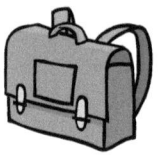

reppu

peke

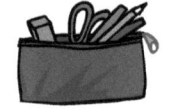

penaali

kheise ya phensele

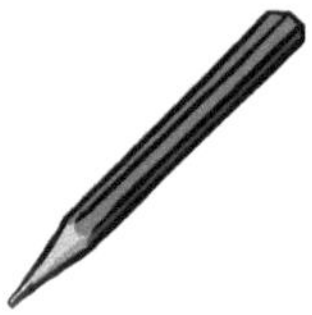

lyijykynä

phensele

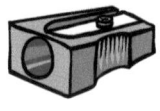

kynänteroitin

motšhene wa go betla phensele

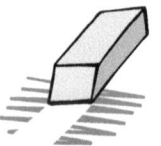

pyyhekumi

rabhara

piirustuslehtiö

phede ya ho thala

piirustus

go thala

pensseli

borashe ya go penta

vesivärit

lepokisi la go penta

sakset

sekero

liima

sekgomaretši

harjoituskirja

puku ya go ngwala

kotitehtävä

mošomo wa gae

luku

nomoro

lisätä

tlatša

vähentää

go ntšha

kertoa

go atiša

laskea

khalekhuleitha

kirjain

lengwalo

aakkoset

alefapete

sana

lentšu

teksti

mongolo

lukea

bala

liitu

tšhoko

oppitunti

thuto

opettajan muistikirja

puku ya maina

koe

thuto

todistus

setifikeite

koulupuku

diaparo tša sekolo

koulutus

thuto

sanakirja

encyclopedia

yliopisto

yunibesithi

mikroskooppi

maekrosekoupo

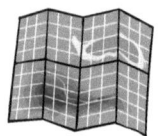

kartta

mmapa

roskakori

pasekete ya matlakala a ditšhila

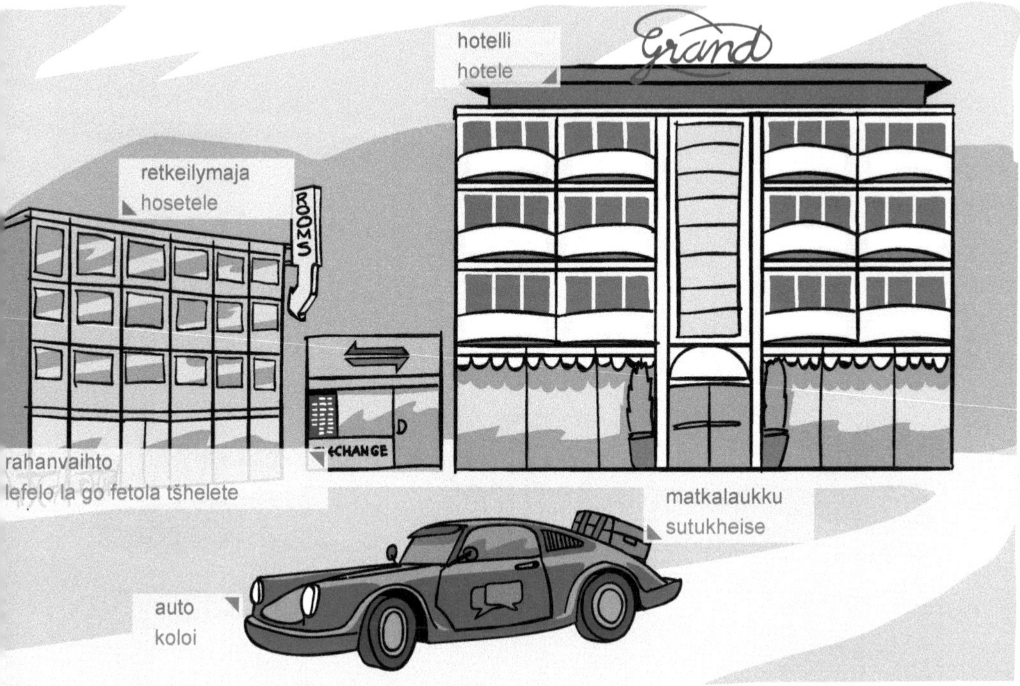

hotelli
hotele
Grand
retkeilymaja
hosetele
ROOMS
CHANGE
rahanvaihto
lefelo la go fetola tšhelete
matkalaukku
sutukheise
auto
koloi

kieli

Leleme

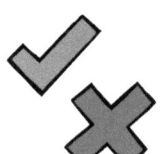

kyllä / ei

ee / aowa

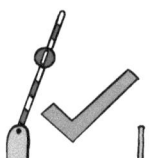

selvä

Go lokile

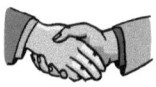

hei

Dumela

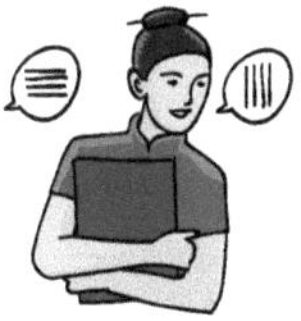

tulkki

mofetoledi

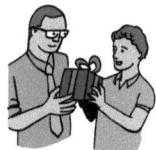

kiitos

Re a leboga

Paljonko...maksaa?

... ke bokae?

en ymmärrä

ga ke kwešiše

ongelma

bothata

Hyvää iltaa!

Thobela!

Hyvää huomenta!

Meso e mebotse!

Hyvää yötä!

Robala botse!

näkemiin

šala gabotse

suunta

keletšo ya tsela

matkatavarat

peke

laukku

peke

reppu

mokotla wa dipuku

vieras

moeng

huone

phapoši

makuupussi

pekana ya go robala

teltta

mokhukhu

turisti-info
boitsebišo bja moeti

ranta
lewatleng

luottokortti
karata ya mokitlana

aamupala
dijo tša mesong

lounas
matena

päivällinen
dijo tša mantšiboa

matkalippu
thikethe

hissi
lifithi

postimerkki
setempe

raja
border

tulli
setlwaedi

suurlähetystö
embassy

viisumi
visa

passi
phasepoto

kuljetus
senamelwa

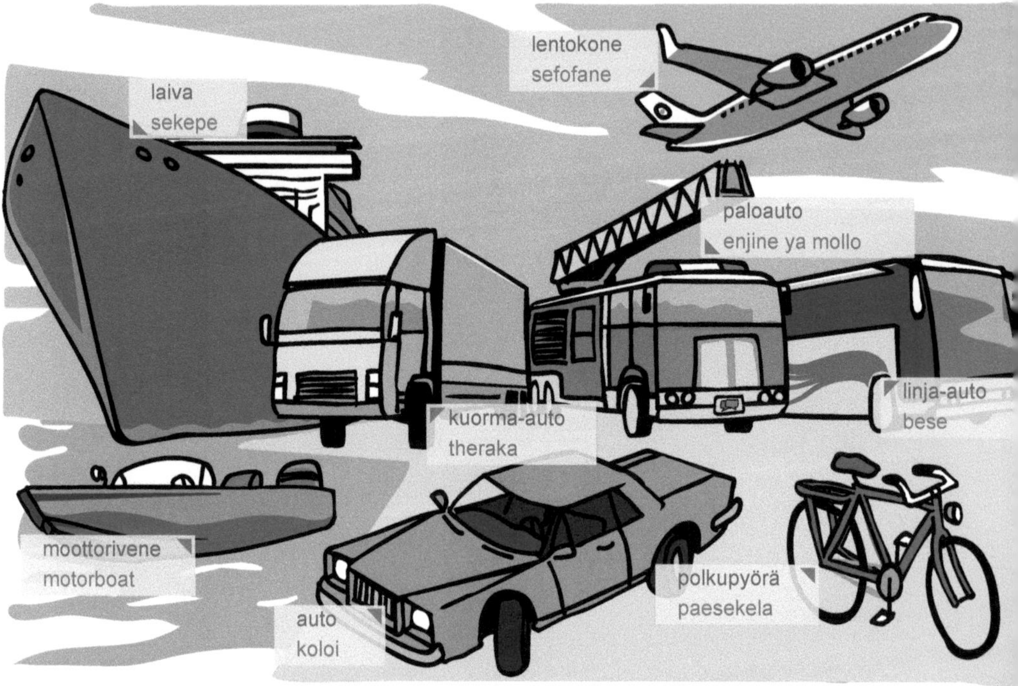

laiva
sekepe
lentokone
sefofane
paloauto
enjine ya mollo
kuorma-auto
theraka
linja-auto
bese
moottorivene
motorboat
auto
koloi
polkupyörä
paesekela

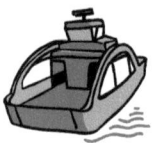

lautta

feri

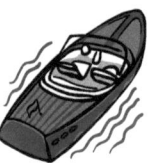

vene

sekepe

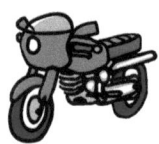

moottoripyörä

sethuthuthu

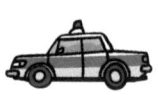

poliisiauto

koloi ya maphodisa

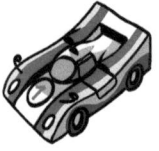

kilpa-auto

koloi ya go šiašiana

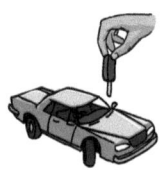

vuokra-auto

koloi ya go rentišwa

car sharing

go arogana koloi

hinausauto

theraka ya go goga

roska-auto

theraka ya ditlakala

moottori

mmotho

polttoaine

makhura

huoltoasema

seteišene sa makhura

liikennemerkki

leswao la therafiki

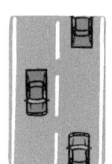

liikenne

therafiki

ruuhka

therafiki

parkkipaikka

lefelo la go phaka dikoloi

rautatieasema

seteišene sa terene

raiteet

tsela

juna

terene

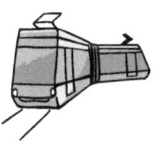

raitiovaunu

theramo

vaunu

koloi

helikopteri
sefofane

lentokenttä
boemafofane

lähilennonjohto
serokami

matkustaja
monamedi

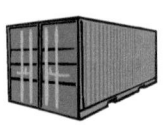

kontti
seswari

pahvilaatikko
lepokisana

kärryt
khathe

kori
basket

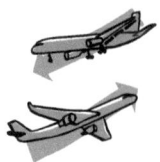

nousta / laskea
go tloga / go kwatama

kaupunki
toropo

kylä
motse

keskusta
bogareng bja toropo

talo
ntlo

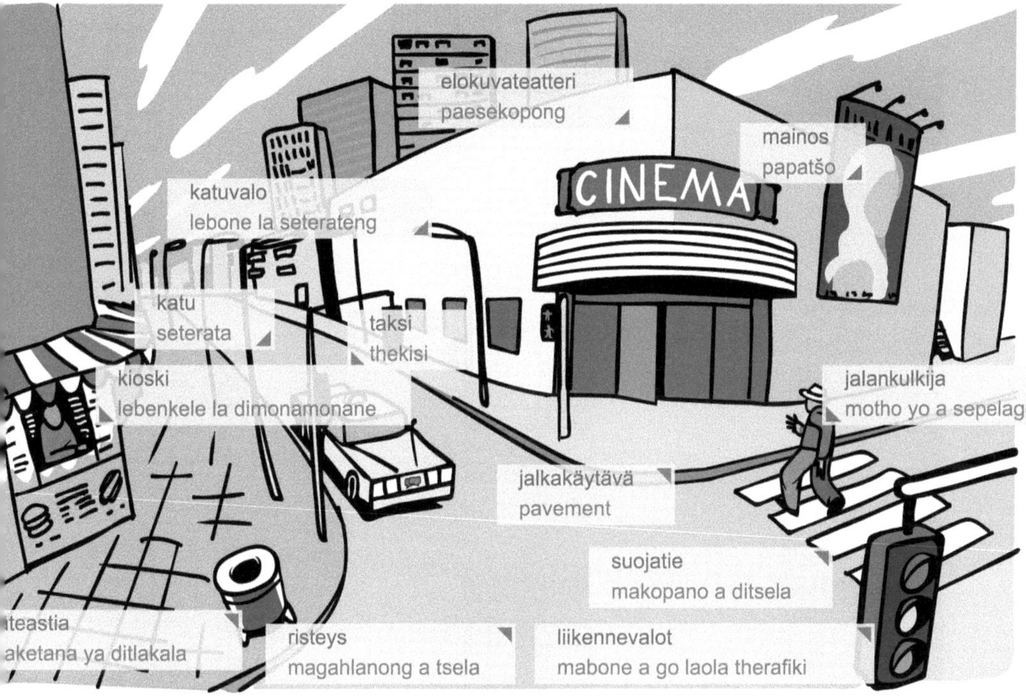
elokuvateatteri
paesekopong
mainos
papatšo
CINEMA
katuvalo
lebone la seterateng
katu
seterata
taksi
thekisi
kioski
lebenkele la dimonamonane
jalankulkija
motho yo a sepelag
jalkakäytävä
pavement
suojatie
makopano a ditsela
iteastia
aketana ya ditlakala
risteys
magahlanong a tsela
liikennevalot
mabone a go laola therafiki

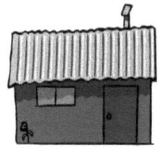

mökki

mokutwana

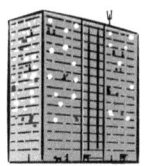

kerrostalo

folete

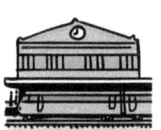

rautatieasema

seteišene sa terene

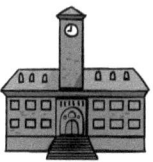

kaupungintalo

holo ya toropong

MUSEUM

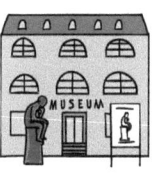

museo

museamo

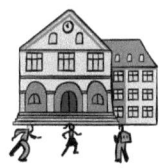

koulu

sekolo

yliopisto

yunibesithi

pankki

panka

sairaala

sepetlele

hotelli

hotele

apteekki

lebenkele la dihlare

toimisto

ofisi

kirjakauppa

lebenkele la dipuku

liike

lebenkele la dijo

kukkakauppa

lebenkele la matšoba

supermarketti

lebenkele la dihlare

tori

mmakete

tavaratalo

lebenkele la dilo tše dintši

kalakauppias

fishmonger's

ostoskeskus

lefelo la mabenkele

satama

boemakepe

puisto
phaka

penkki
bench

silta
leporogo

portaat
ditepisi

metro
ka tlase

tunneli
thanele

linja-autopysäkki
boemela pese

baari
bar

ravintola
lebenkele la dijo

postilaatikko
lepokisi la poso

katukyltti
leswao la seterata

parkkimittari
mithara wa go phaka koloi

eläintarha
zuu

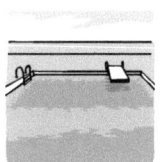

uimala
letamo la go rutha

moskeija
lefelo la mamoseleme

maatila
polasa

ympäristön saastuminen
tšhilafalo

hautausmaa
mabitla

kirkko
kereke

leikkikenttä
lefelo la go bapala

temppeli
tempele

maisema
lefelo la dithaba

lehti
letlakala

tienviitta
leswao la tsela

tie
tsela

niitty
lefelo kgauswi le noka

kivi
letlapa

retkeilijä
mophara thaba

puu
mohlare

joki
noka

ruoho
bjang

kukka
letšoba

laakso
tsela

vuori
thaba

järvi
letangwana la meetsi

metsä
sethokgwa

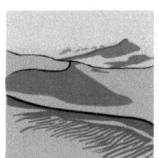

aavikko
leganata

tulivuori
thabamollo

linna
ntlo e kgolo

sateenkaari
molalatladi

sieni
mushroom

palmu
palm tree

hyttynen
monang

kärpänen
fofa

muurahainen
ditšhošwane

mehiläinen
nosi

hämähäkki
segokgo

kovakuoriainen

khunkhwane

sammakko

segwagwa

orava

squirrel

siili

noko

jänis

mmutla

pöllö

leribiši

lintu

nonyana

joutsen

mogolodi

villisika

kolobe ya naga

peura

phuthi

hirvi

phuthi

pato

letamo

tuulimylly

wind turbine

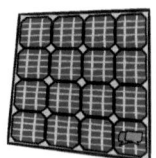

aurinkopaneeli

phanele ya solar

ilmasto

leratadima

ravintola
lebenkele la dijo

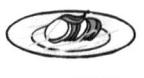

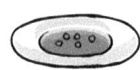

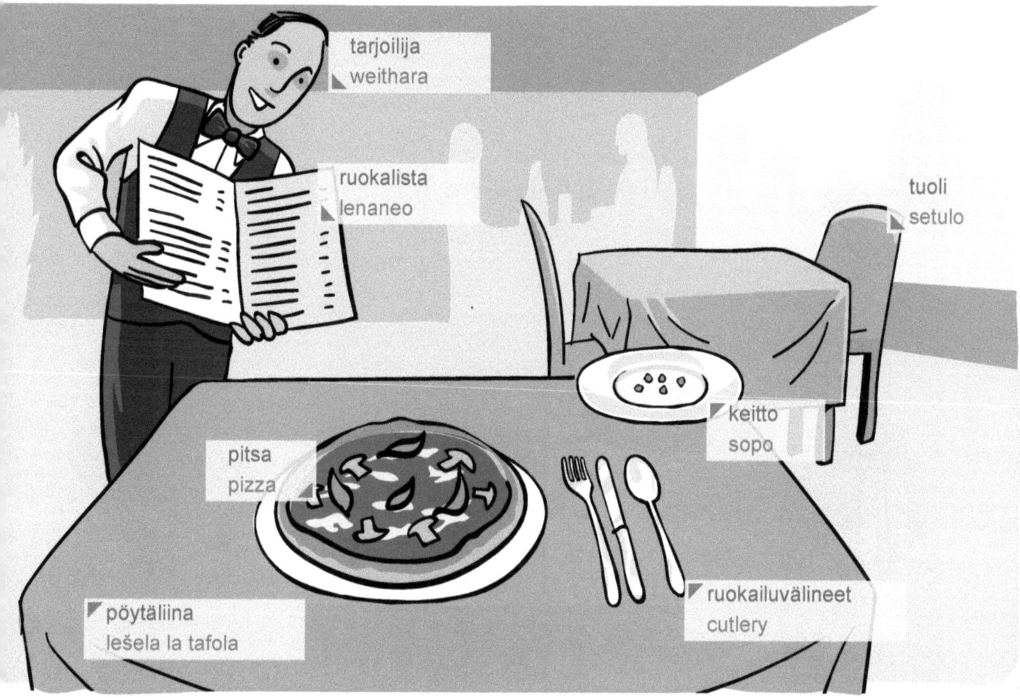

tarjoilija
weithara
ruokalista
lenaneo
tuoli
setulo
keitto
sopo
pitsa
pizza
pöytäliina
lešela la tafola
ruokailuvälineet
cutlery

alkuruoka

dijo tša mathomo

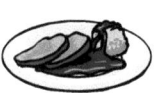

pääruoka

dijo

jälkiruoka

dimonamonane

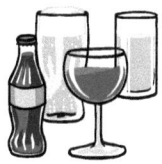

juomat

dino

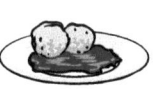

ruoka

dijo

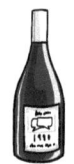

pullo

lepotlelo la ngwana

pikaruoka
fastfood

katuruoka
dijo tša seterateng

teekannu
ketlele ya tea

sokeriastia
poleitana swikiri

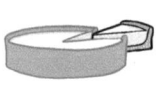

annos
karolo

espressokeitin
motšhene wa espresso

syöttötuoli
setulo sa godimo

lasku
tefo

tarjotin
therei

veitsi
thipa

haarukka
foroko

lusikka
lelepola

teelusikka
lelepola

servietti
lešela la go iphomola

lasi
galase

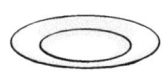

lautanen
poleite

syvä lautanen
poleite ya sopo

aluslautanen
sosara

kastike
moroto

suolasirotin
poto ya letswai

pippurimylly
sešila phepha

etikka
vinegar

öljy
makhura

mausteet
sepaese

ketsuppi
tamatisoso

sinappi
masetete

majoneesi
mayonnaise

supermarketti
lebenkele la dihlare

tarjous
dithekišo tša tlase
FOR
asiakas
moreki
maitotuotteet
dijo tša go ba le maswi
hedelmät
dikenywa
ostoskärryt
teroli

BUTCHERS

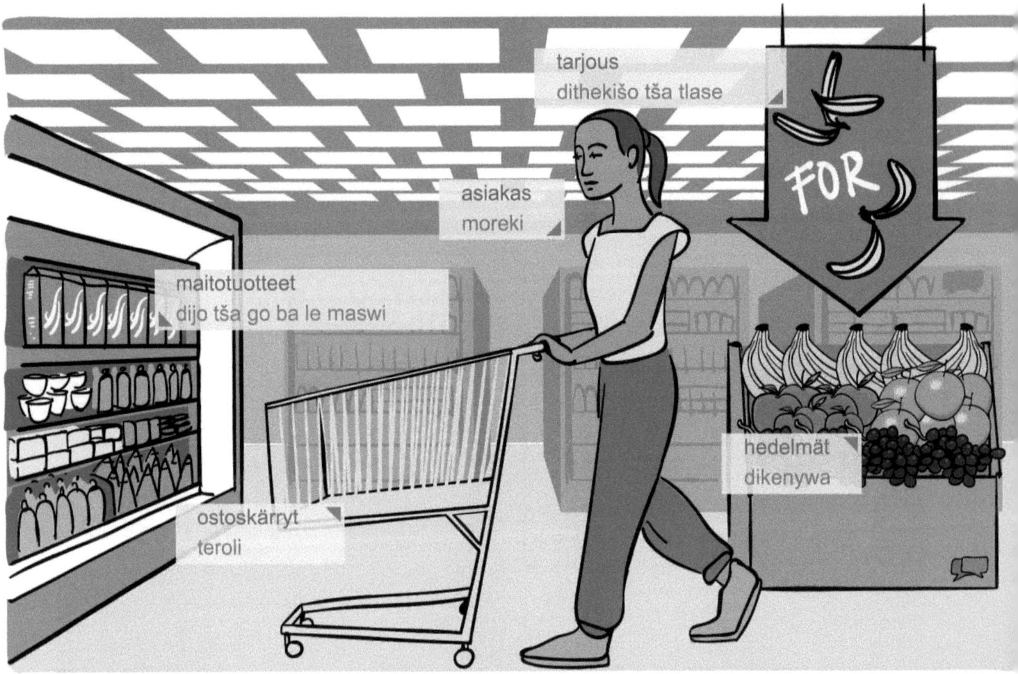

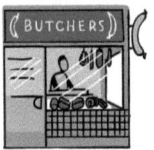

teurastamo

selaga

BAKERY

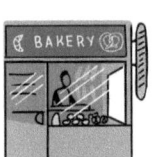

leipomo

moapei wa dikuku

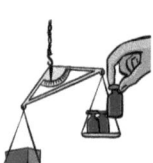

punnita

kala

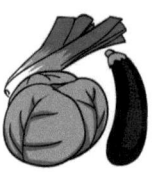

kasvikset

merogo

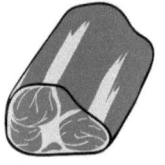

liha

nama

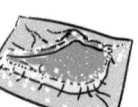

pakasteet

dijo tše gahlišitšwego

leikkele

nama ya go tonya

säilykkeet

tinned food

pesujauhe

sešepi sa go hlatswa

makeiset

dimonamonane

kotitaloustarvikkeet

dilo tša ka ntlong

puhdistusaineet

didirišwa tša go hlwekiša

myyjä

morekiši

kassa

till

kassanhoitaja

morekiši

ostoslista

lenaneo la tše rekišwago

aukioloajat

diiri tša go bula

lompakko

sepatšhe

luottokortti

karata ya mokitlana

kassi

peke

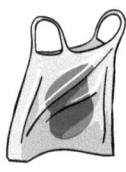

muovipussi

peke ya polasetiki

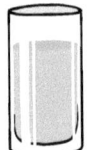

vesi

meetsi

mehu

Juice

maito

maswi

kokis

coke

viini

beine

olut

bhiri

alkoholi

bjala

kaakao

cocoa

tee

tea

kahvi

kofi

espresso

espresso

cappuccino

cappuccino

banaani

banana

omena

apola

appelsiini

namome

meloni

melon

sitruuna

namone

porkkana

carrot

valkosipuli

garlic

bambu

bamboo

sipuli

keiye

sieni

mushroom

pähkinät

ditokomane

spagetti

noodles

spagetti

spaghetti

riisi

raese

salaatti

salate

ranskalaiset

ditšhipisi

paistetut perunat

matapola a gadikilwego

pitsa

pizza

hampurilainen

hambeka

voileipä

sandwich

leike

cutlet

kinkku

ham

salami

salami

makkara

sausage

kana

kgogo

paisti

gadika

kala

hlaphi

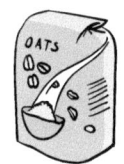

kaurahiutaleet

bogobe bja oats

mysli

muesli

murot

cornflakes

jauho

folouro

voisarvi

croissant

sämpylä

dipanse

leipä

borotho

paahtoleipä

toaster

keksit

dipisikiti

voi

botoro

rahka

curd

kakku

kuku

kananmuna

lee

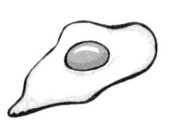

paistettu kananmuna

lee le gadikilwego

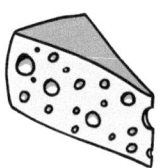

juusto

tshese

jäätelö

ice cream

sokeri

swikiri

hunaja

todi ya dinosi

hillo

jeme

suklaapähkinälevite

chocolate spread

curry

curry

maatila
ntlo ya polasa

lato; liiteri
barn

heinäpaali
bojwang

pelto
mašemo

hevonen
pere

peräkärry
letorokisi

traktori
terekere

varsa
pere

aasi
pokolo

karitsa
kwana

lammas
nku

vuohi
pudi

lehmä
kgomu

vasikka
namane

sika
kolobe

porsas
kolobjana

sonni
poo

hanhi

leganse

ankka

leganse

tipu

letswienyane

kana

kgogo

kukko

mokoko

rotta

legotlo

kissa

katse

hiiri

legotlo

härkä

pholo

koira

mpšha

koirankoppi

ntlwana ya mpšha

puutarhaletku

lethompo la seratswana

kastelukannu

khene ya meetse

viikate

peke

aura

megoma ya terekere

sirppi

sekele

kuokka

mogoma

talikko

foroko

kirves

selepe

kottikärryt

kiribai

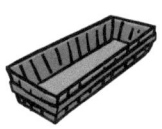

kaukalo

letangwana la meetsi

maitokannu

khene ya maswi

säkki

lesaka

aita

fense

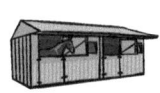

talli

stable

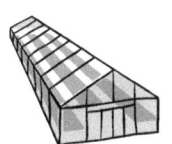

kasvihuone

ntlwana ya galase ya dihlare

maa

mobu

siemen

peu

lannoite

manyora

leikkuupuimuri

motšhene wa go buna

kerätä sato

buna

sato

buna

jamssit

tse monate

vehnä

korong

soija

soy

peruna

letapola

maissi

korong

rypsi

rapeseed

hedelmäpuu

mohlare wa dikenywa

maniokki

cassava

vilja

disereale

savupiippu
tšhemela

katto
marulelo

sadevesikouru
phaephe ya drain

ikkuna
lefasetere

autotalli
karatše

ovikello
nakana ya lebati

ovi
lebati

roska-astia
pakete ya matlakala

postilaatikko
lepokisi la maletere

puutarha
serapana

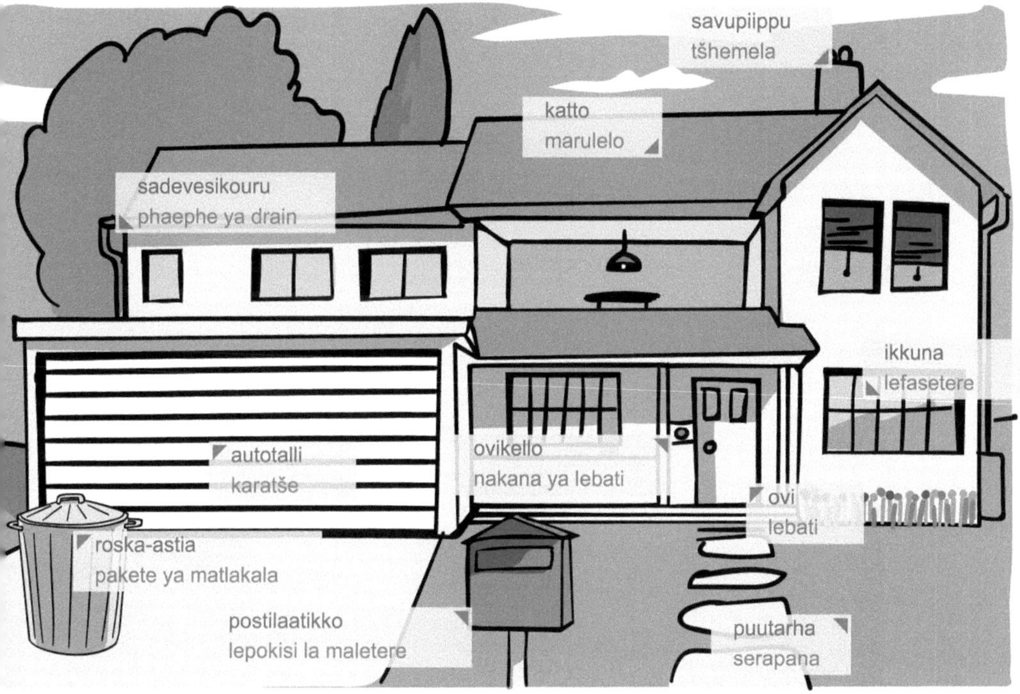

olohuone
phapoši ya go dula

kylpyhuone
kamora ya go hlapela

keittiö
boapeelo

makuuhuone
phapoši ya go robala

lastenhuone
phapoši ya bana

ruokahuone
lefelo la boiketlo

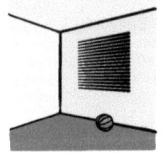

lattia

fase

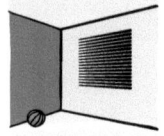

seinä

lebota

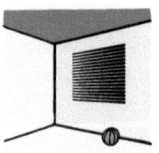

katto

siling

kellari

cellar

sauna

sauna

parveke

letsikangope

terassi

lelapa

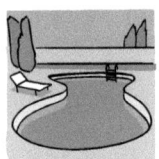

uima-allas

letamo la go rutha

ruohonleikkuri

motšhene wa go sega bjang

lakana

lešela la go iphomola

päiväpeitto

lešela la mpeto

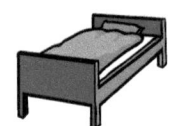

sänky

mpeto

harja

leswielo

ämpäri

pakete

katkaisin

pholaka

olohuone
phapoši ya go dula

tapetti
senepe sa sedirišwa
kuva
senepe
lamppu
lebone
hylly
shelofe
kaappi
khaboto
televisio
thelebišene
takka
lefelo la mollo
kukka
letšoba
tyyny
kobo
sohva
sofa
maljakko
vase
kaukosäädin
remote control

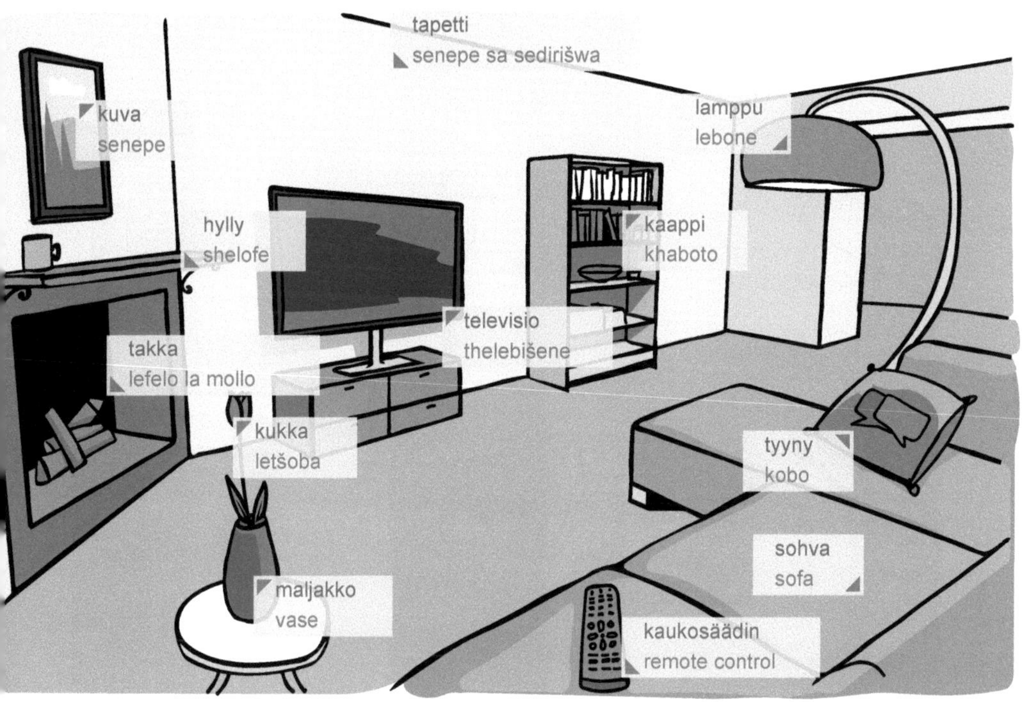

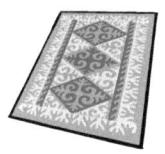

matto

khaphete

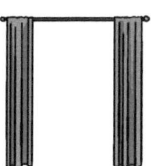

verho

garetene

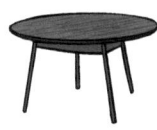

pöytä

tafola

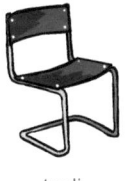

tuoli

setulo

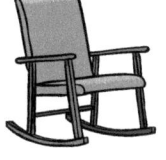

keinutuoli

rocking chair

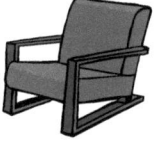

nojatuoli

armchair

kirja
buka

peitto
kobo

koriste
bokgabišo

polttopuut
dikota tša mollo

elokuva
filimi

stereot
sedirišwa sa hi-fi

avain
senotlelo

sanomalehti
kuranta

maalaus
go penta

juliste
phouseta

radio
radio

muistivihko
pukwana ya go ngwala

pölynimuri
motšhene wa go hlwekiša

kaktus
mohlašana wa cactus

kynttilä
kerese

keittiö
boapeelo

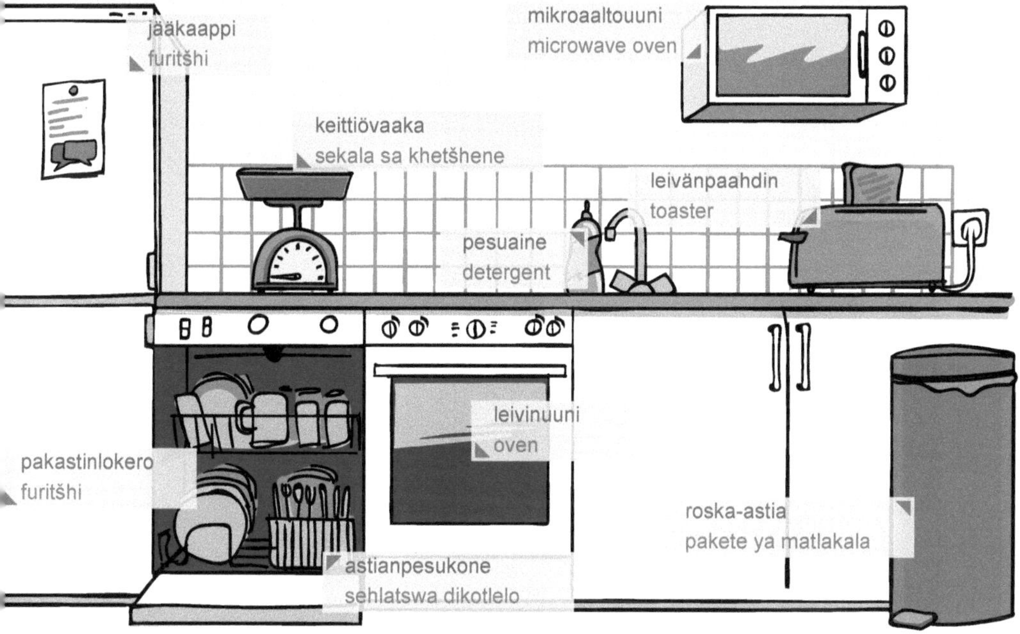
jääkaappi
furitšhi
mikroaaltouuni
microwave oven
keittiövaaka
sekala sa khetšhene
leivänpaahdin
toaster
pesuaine
detergent
leivinuuni
oven
pakastinlokero
furitšhi
roska-astia
pakete ya matlakala
astianpesukone
sehlatswa dikotlelo

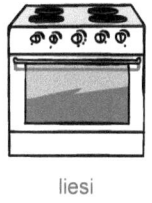

liesi

moapei

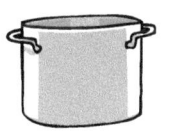

kattila

pitša

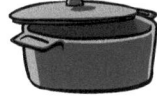

rautapata

cast-iron pot

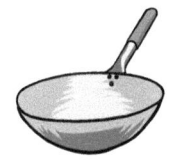

okkipannu / kadai-pannu

wok / kadai

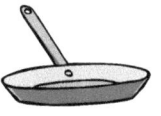

paistinpannu

pane

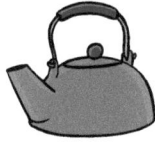

teepannu

ketlele

höyrykeitin
steamer

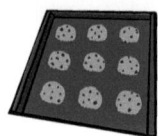

uunipelti
therei ya go paka

astiat
dikotlelo

muki
komiki

kulho
mogopo

syömäpuikot
diphathana tša go ja

kauha
lelepola la ladle

paistinlasta
spatula

vispilä
whisk

siivilä
strainer

siivilä
sefo

raastin
kereitara

mortteli
mortar

grilli
barbecue

avotuli
thuntšha

leikkuulauta
....
boto ya dijo

kaulin
....
rolling pin

korkinavaaja
....
sebula lepotlelo

purkki
....
khene

purkinavaaja
....
sebula khene

pannulappu
....
seswara dipoto

lavuaari
....
sinki

tiskiharja
....
borashe

pesusieni
....
sepontše

tehosekoitin
....
sehlakanyi

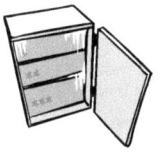

pakastin
....
freezer

tuttipullo
....
lepotlelo la ngwana

vesihana
....
pompi

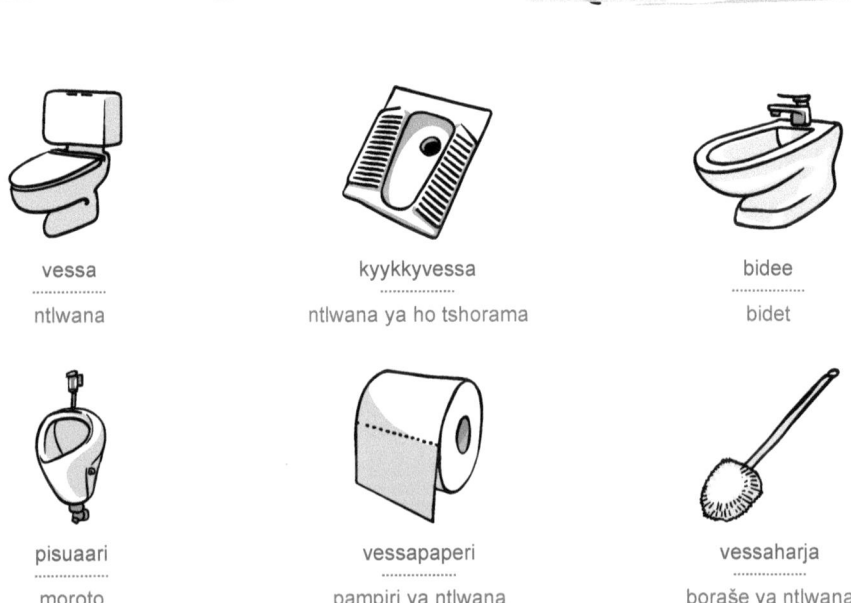

kylpyhuone

kamora ya go hlapela

lämmitys
borutho
pyyhe
toulo
suihku
šawara
suihkuverho
garetene ya šawara
vaahtokylpy
bubble bath
kylpyamme
bata
lasi
galase
pesukone
motšhene wa go hlatswa
vesihana
pompi
kaakelit
dithaele
potta
poto
lavuaari
sinki

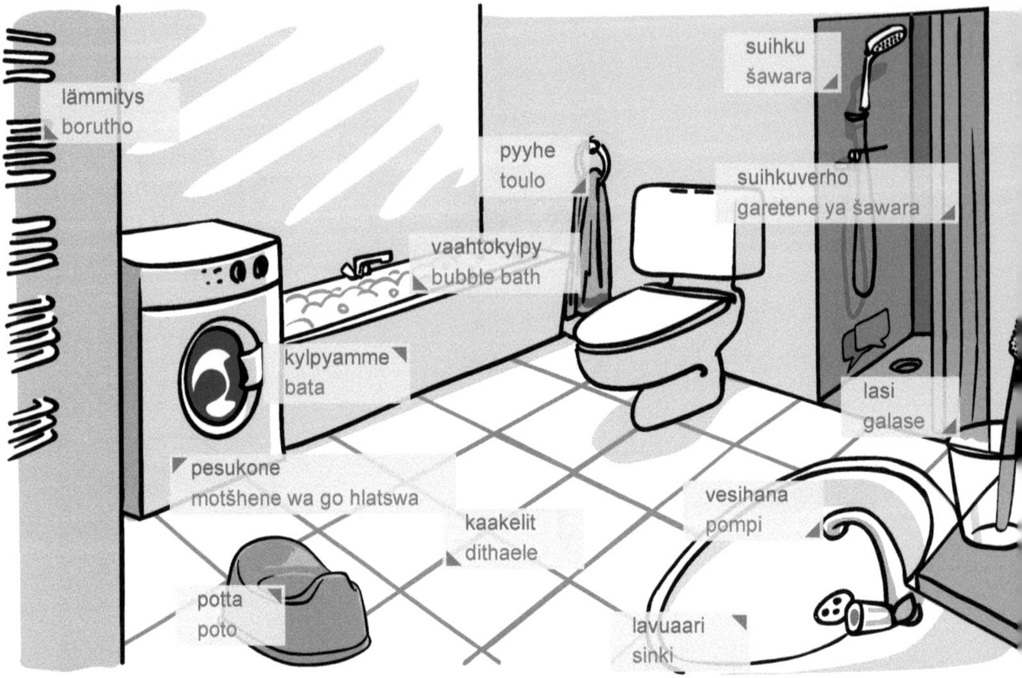

vessa

ntlwana

kyykkyvessa

ntlwana ya ho tshorama

bidee

bidet

pisuaari

moroto

vessapaperi

pampiri ya ntlwana

vessaharja

boraše ya ntlwana

hammasharja

boraše ya ho hlapa meno

hammastahna

sešepi sa meno

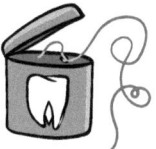

hammaslanka

floss ya meno

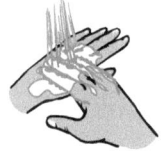

pestä

hlatswa

käsisuihku

shawara ya go swarwa ka matsogo

intiimisuihku

douche

pesuvati

basin

selkäharja

back brush

saippua

sešepi

suihkugeeli

sešepi sa ka šawareng

shampoo

shampoo

pesulappu

folene

viemäri

drain

voide

sa go tlola

deodorantti

senkgiša bose

peili

seipone

käsipeili

sepili se senyenyane

partaveitsi

legare

partavaahto

shaving foam

partavesi

aftershave

kampa

kamo

harja

boraše

hiustenkuivaaja

derayara ya moriri

hiuslakka

setlola sa moriri

meikki

makeup

huulipuna

setlola sa molomo

kynsilakka

varnish ya manala

pumpuli

wulu

kynsisakset

sekero sa dinala

hajuvesi

phefumo

kosmetiikkalaukku

pekana ya tša go hlapa

jakkara

setulo

vaaka

sekala

kylpytakki

toulwana ya go hlapa

kumihansikkaat

ditlelafo tša rabara

tamponi

tampon

terveysside

toulo ya go phumula matsogo

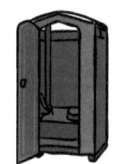

kemiallinen wc

ntlwana ya dikhemikhale

lastenhuone
phapoši ya bana

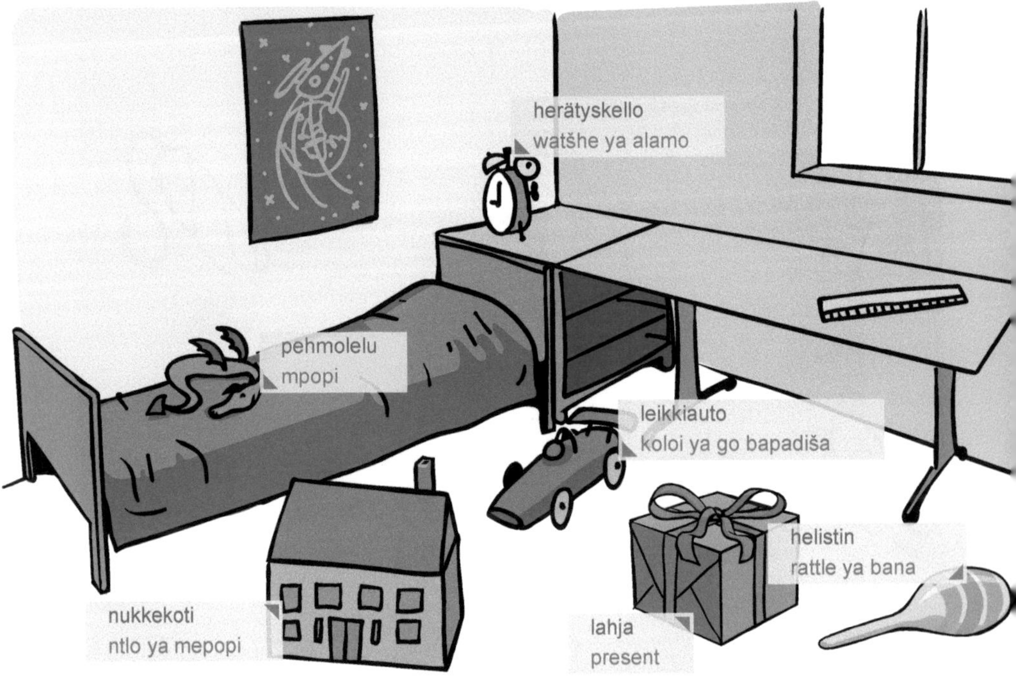
herätyskello
watšhe ya alamo
pehmolelu
mpopi
leikkiauto
koloi ya go bapadiša
helistin
rattle ya bana
nukkekoti
ntlo ya mepopi
lahja
present

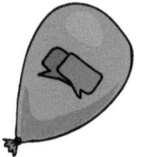

ilmapallo
baluni

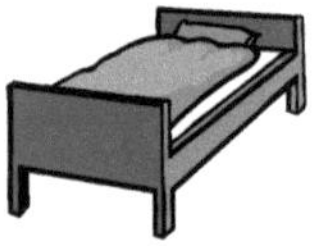

sänky
mpeto

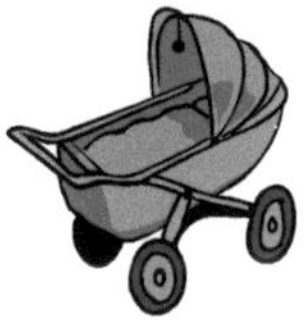

lastenvaunut
phorema

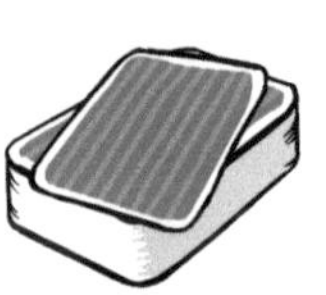

korttipeli
dikarata

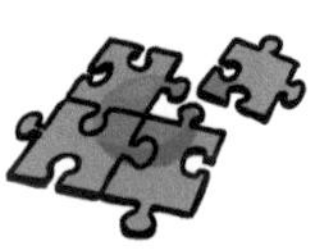

palapeli
papadi ya jigsaw

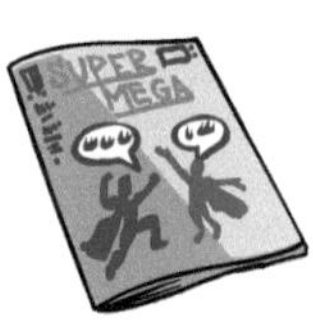
SUPER
MEGA

sarjakuva
metlae

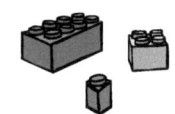

legopalikat

papadi ya lego bricks

rakennuspalikat

papadi ya building blocks

supersankari

action figure

potkupuku

go gola ga ngwana

frisbee

papadi ya Frisbee

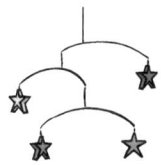

mobile

mobile

lautapeli

papadi ya boto

noppa

letaese

pienoisjunarata

model train set

tutti

tami

juhlat

phathi

kuvakirja

puku ya dinepe

pallo

kgwele

nukke

mpopi

leikkiä

bapala

hiekkalaatikko

sandpit

keinu

swing

lelut

tša go bapadiša

pelikonsoli

sedirišwa sa dipapadi tša bidio

kolmipyörä

paesekele ya bana

nalle

teddy bear

vaatekaappi

oteropo

vaatteet
diaparo

sukat

masokisi

nylonsukat

masokisi

sukkahousut

pentihouso

kaulaliina
sekhafo

vyö
lepanta

sateenvarjo
amporela

t-paita
sekhipha

lenkkarit
diteki

saappaat
diputsu

sisätossut
deselephara

sandaalit
ramphešane

kengät
dieta

kumisaappaat
diputsu tša rabara

alushousut
borokgwana bja ka fase

rintaliivit
seaparo sa bra

aluspaita
besete

body
....
mmele

housut
....
marokgo

farkut
....
pokathe

hame
....
sekhethe

pusero
....
seaparo sa blouse

paita
....
hempe

villapaita
....
jase

collegepaita
....
jase

jakku
....
seaparo sa blazer

takki
....
baki

takki
....
jase

sadetakki
....
jase ya pula

puku
....
khosetumo

mekko
....
roko

hääpuku
....
lešira

puku
sutu

yöpaita
seaparo sa go robala

pyjama
dipejama

shari
sari

päähuivi
sekafo

turbaani
turban

burka
seaparo sa burqa

kaftaani
roko ya kaftan

abaya
abaya

uimapuku
seaparo sa go rutha

uimahousut
diteranka

shortsit
marukgwana a manyenyane

verkkarit
terekesutu

esiliina
apron

käsineet
ditlelafo

nappi

konope

silmälasit

digalase

rannekoru

boreiselete

kaulakoru

nekeleise

sormus

palamonwana

korvakoru

lengena

lippalakki

kepisi

ripustin

hengere ya jase

hattu

kefa

solmio

thai

vetoketju

zip

kypärä

helmete

henkselit

braces

koulupuku

diaparo tša sekolo

univormu

unifomo

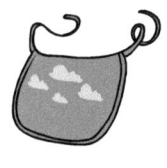

ruokalappu

seaparo sa bib

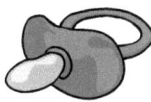

tutti

tami

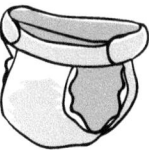

vaippa

mongato

toimisto

ofisi

palvelin
sebara
asiakirjakaappi
lekase la difaele
tulostin
phrinthara
paperi
letlakala
näyttö
monitharaw
hiiri
mouse
kirjoituspöytä
tafola
kansio
foldara
näppäimistö
keybhoto
ori
ete ya matlakala a ditšhila
tuoli
setulo
tietokone
khomphutha

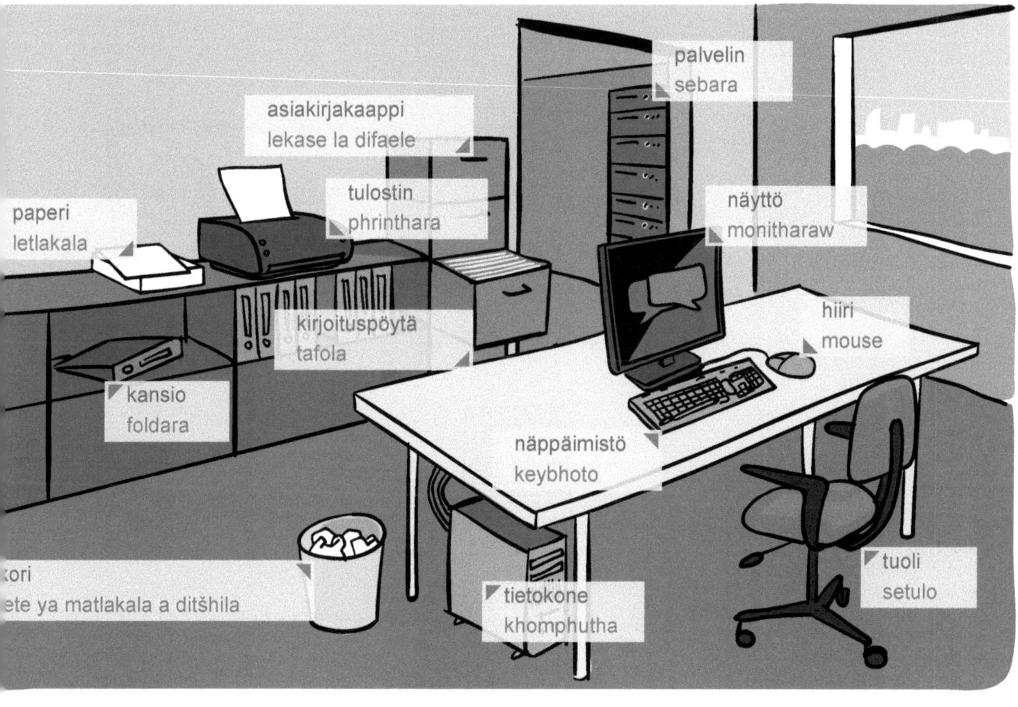

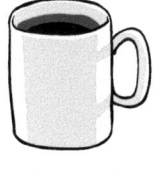

kahvimuki

komiki ya kofi

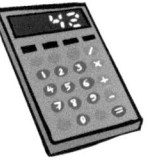

taskulaskin

khalekhuleitha

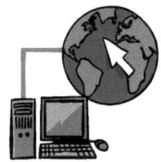

internet

inthanete

kannettava tietokone	kirje	viesti
laptop	lengwalo	molaetša

kännykkä	verkko	kopiokone
mogalathekeng	netweke	motšhene wa go photokhopa

ohjelmisto	puhelin	pistorasia
software	mogala	pholaka ya sokete
	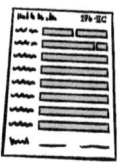	
faksi	lomake	asiakirja
motšhine wa go fekesa	fomo	dipampiri

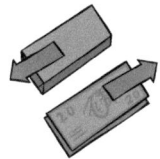

ostaa
reka

maksaa
lefa

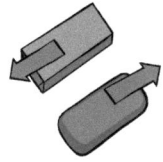

vaihtaa
rekiša

raha
tšhelete

USD

dollari
dollar

EUR

euro
euro

JPY

jeni
yen

RUB

rupla
rouble

CHF

frangi
Swiss franc

CNY

renminbi juan
renminbi yuan

INR

rupia
rupee

pankkiautomaatti
lefelo la go ntšha tšhelete

rahanvaihto

lefelo la go fetola tšhelete

kulta

gauta

hopea

silifera

öljy

oil

energia

matla

hinta

poraese

sopimus

konteraka

vero

motšhelo

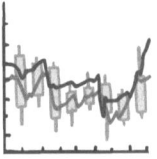

osake

setokho

työskennellä

mošomo

työntekijä

mošomi

työnantaja

mothwadi

tehdas

feketori

liike

lebenkele la dijo

ammatit
bodulo

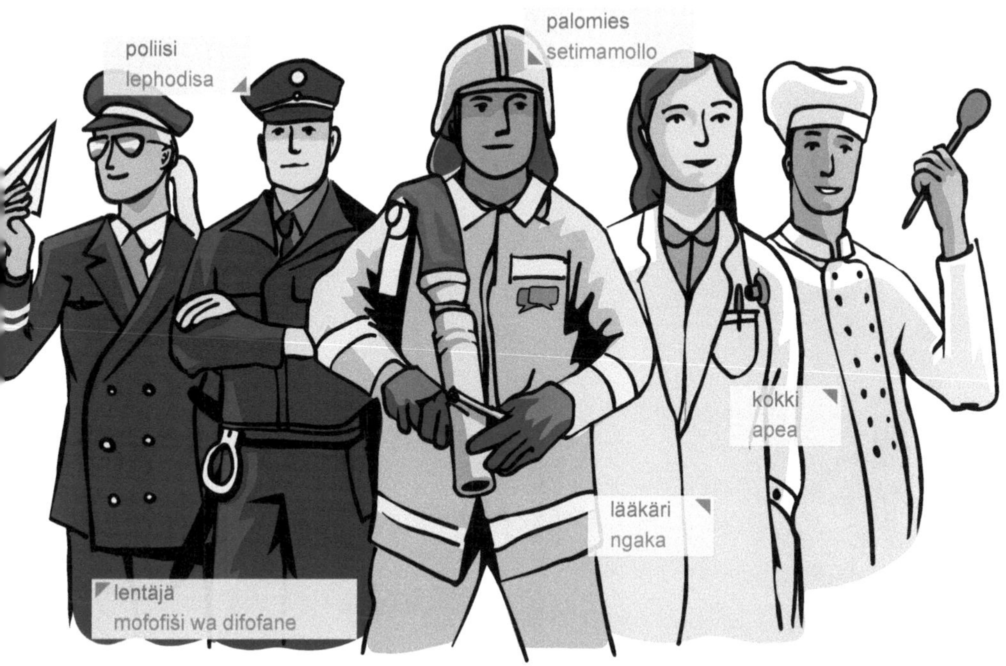

palomies
setimamollo
poliisi
lephodisa
kokki
apea
lääkäri
ngaka
lentäjä
mofofiši wa difofane

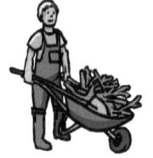

puutarhuri

ohlokomedi wa dirapana

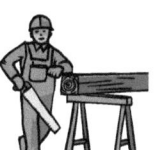

puuseppä

mmetli

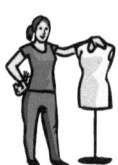

ompelija

moroki

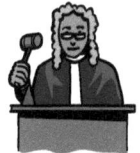

tuomari

moahlodi

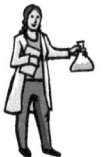

kemisti

khemise

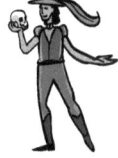

näyttelijä

mmapadi

linja-autonkuljettaja

mootledi wa pase

taksinkuljettaja

mootledi wa thekisi

kalastaja

moswara dihlapi

siivooja

mosadi wa go hlwekiša

katontekijä

molokiša marulelo

tarjoilija

weithara

metsästäjä

motsomi

maalari

motho wa go penta

leipuri

mopaki

sähköasentaja

electrician

rakentaja

moagi

insinööri

moenjeneare

teurastaja

selaga

putkiasentaja

polambara

postinjakaja

mosepediši wa poso

sotilas
mohlabani

arkkitehti
mothadi wa dintlo

kassanhoitaja
morekiši

floristi
molemi wa matšoba

kampaaja
mologi wa moriri

konduktööri
molaodi

mekaanikko
mekhenikhe

kapteeni
mokapotene

hammaslääkäri
ngaka ya meno

tiedemies
rathutamahlale

rabbi
moruti

imaami
moetapele wa dithapelo

munkki
monk

pappi
moruti

työkalut
didirišwa

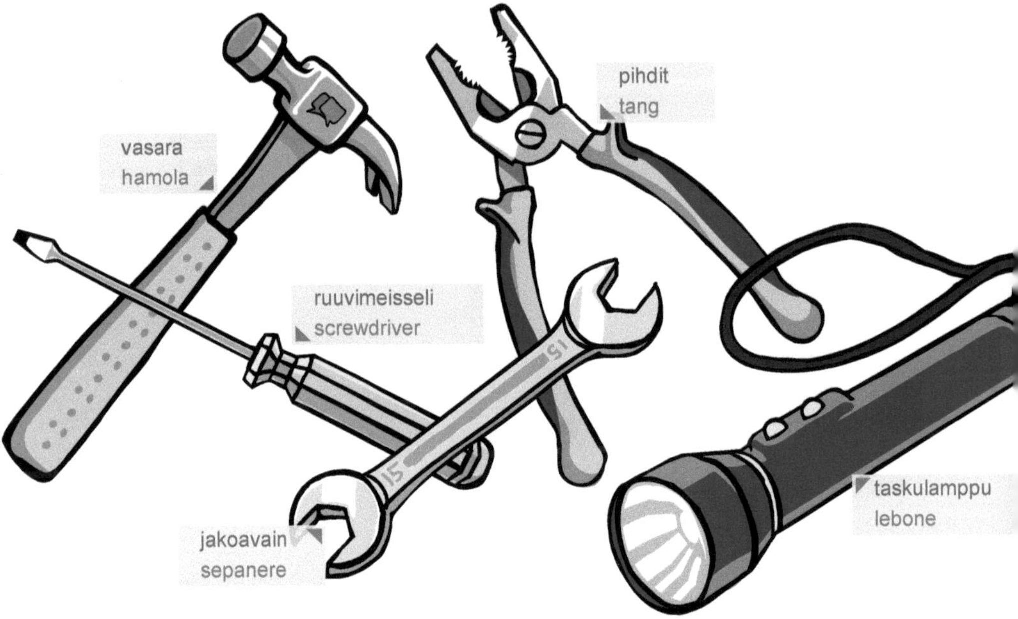
vasara
hamola
pihdit
tang
ruuvimeisseli
screwdriver
jakoavain
sepanere
taskulamppu
lebone

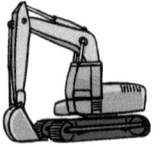

kaivinkone
seepi

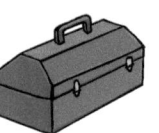

työkalupakki
lepokisi la dithulusi

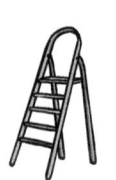

tikkaat
llere

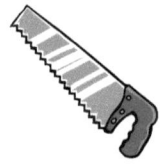

saha
saga

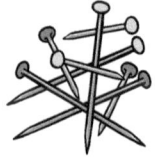

naulat
dipikiri

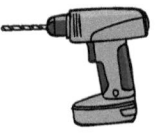

pora
sebori

korjata	lapio	Hitto!
lokiša	garafo	ijoo!

rikkalapio	maalipurkki	ruuvit
seolela matlakala	pitša ya pente	sekurufu

soittimet
didirišwa tša mmino

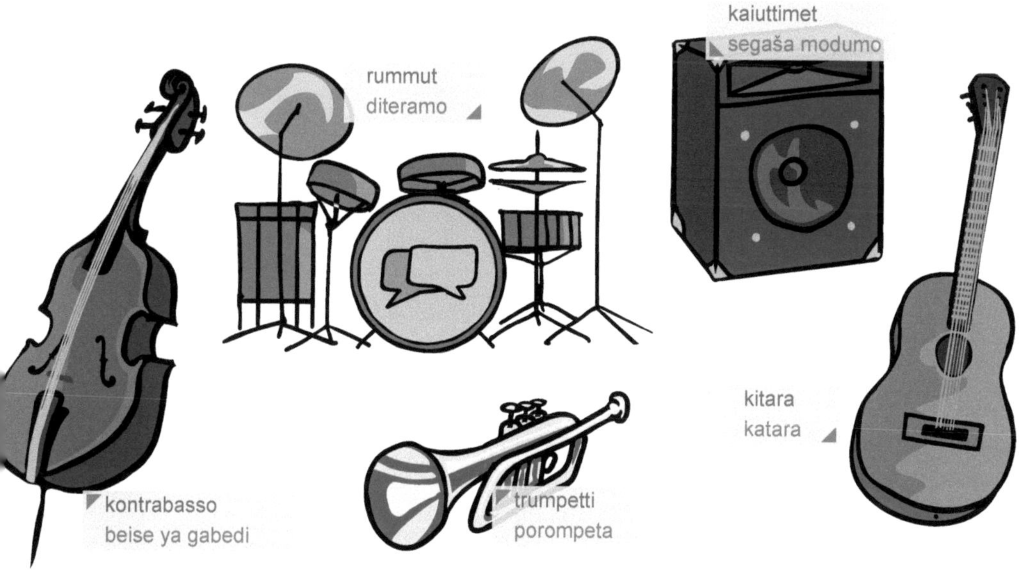

kaiuttimet
segaša modumo

rummut
diteramo

kontrabasso
beise ya gabedi

trumpetti
porompeta

kitara
katara

piano

piano

viulu

violin

basso

beise

patarummut

timpani

rumpu

diteramo

kosketinsoitin

keybhoto

saksofoni

saxophone

huilu

phala

mikrofoni

mmaekrofouno

sisäänkäynti
tsela ya go tsena

tiikeri
lengau

häkki
legaga

seepra
pitse

eläinten ruoka
dijo tša diphoofolo

panda
bere

eläimet

diphoofolo

norsu

tlou

kenguru

kangaroo

sarvikuono

tšhukudu

gorilla

gorilla

karhu

bere

kameli

kamela

strutsi

mpšhe

leijona

tau

apina

tšhwene

flamingo

nonyana ya flamingo

papukaija

nonyana ya parrot

jääkarhu

bere ya polar

pingviini

penguin

hai

shark

riikinkukko

phikoko

käärme

noga

krokotiili

kwena

eläintarhanhoitaja

mohlokomedi wa di zoo

hylje

sili

jaguaari

jaquar

poni
pokolo

leopardi
lepogo

virtahepo
hippo

kirahvi
thutlwa

kotka
lenong

villisika
kolobe ya naga

kala
hlaphi

kilpikonna
khudu

mursu
walrus

kettu
phiri

gaselli
phuthi

amerikkalainen jalkapallo
kgwele ya Amerika

pyöräily
go reila paesekela

tennis
thenese

koripallo
basketball

uinti
go rutha

nyrkkeily
ntwa ya matswele

jääkiekko
hockey ya lehlweng

jalkapallo
kgwele ya maoto

sulkapallo
badminton

yleisurheilu
bakitimi

käsipallo
polo ya matsogo

hiihto
skiing

poolo
polo

aktiviteetit
mediro

nauraa
sega
hypätä
taboga
halata
gokara
kävellä
sepela
laulaa
opela
unelmoida
lora
rukoilla
rapela
suudella
atla

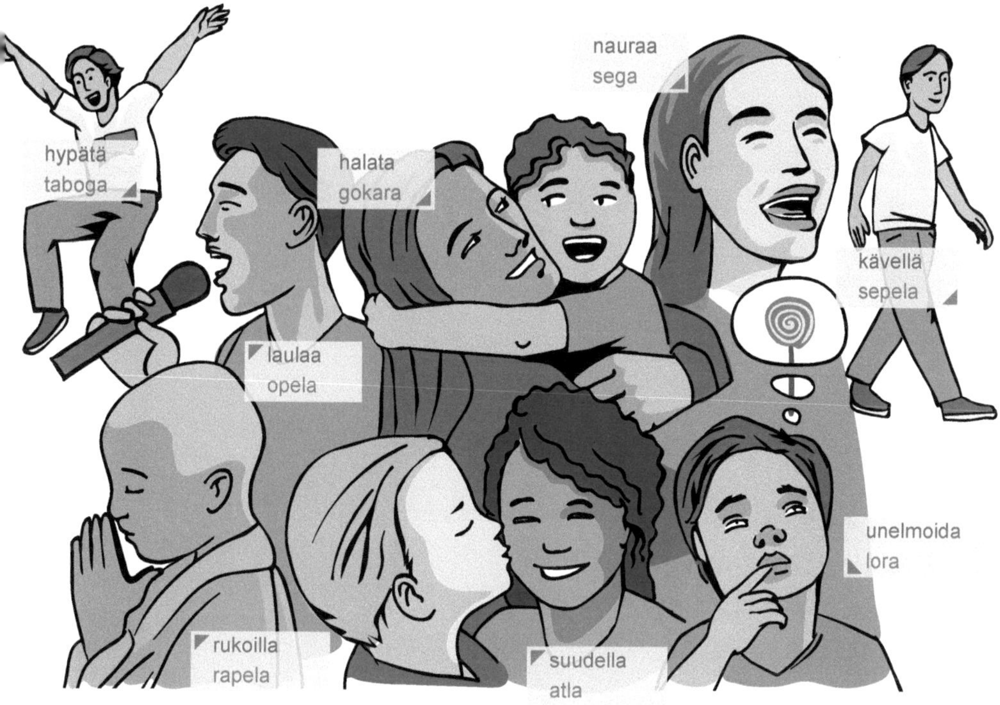

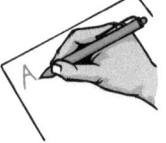

kirjoittaa

ngwala

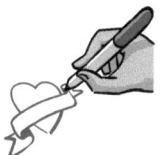

piirtää

thala

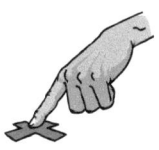

näyttää

bontšha

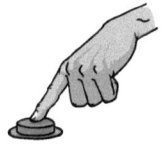

painaa

kgorometša

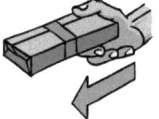

antaa

efa

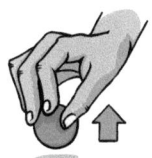

ottaa

tšea

omistaa

e ba le

tehdä

dira

olla

eba

seisoa

ema

juosta

kitima

vetää

goga

heittää

lahlela

kaatua

e wa

maata

maaka

odottaa

emanyana

kantaa

rwala

istua

dula

pukeutua

go apara

nukkua

robala

herätä

tsoga

katsoa
lebelela

itkeä
lla

silittää
seterouko

kammata
kamo

puhua
bolela

ymmärtää
kwešiša

kysyä
botšiša

kuunnella
theetša

juoda
e nwa

syödä
eja

siivota
hlwekiša

rakastaa
lerato

keittää
apea

ajaa
otlela

lentää
fofa

purjehtia

sesa

laskea

khalekhuleitha

lukea

bala

oppia

ithute

työskennellä

mošomo

mennä naimisiin

nyala

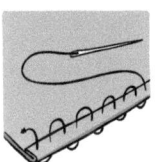

ommella

roka

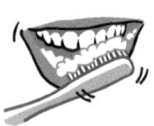

pestä hampaat

hlapa meno

tappaa

bolaya

tupakoida

kgoga

lähettää

romela

perhe
lelapa

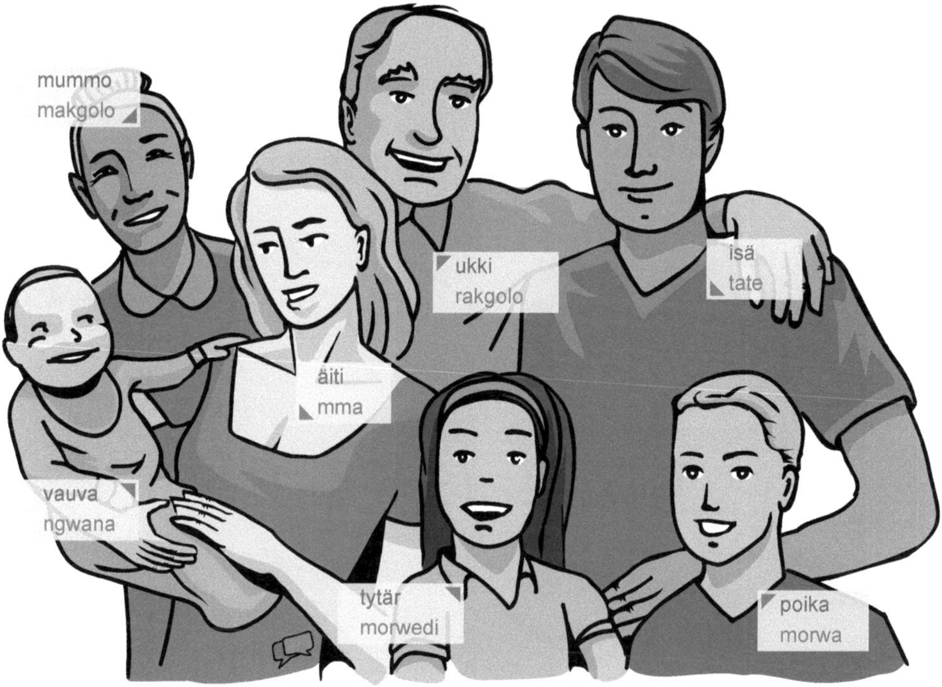
mummo
makgolo
ukki
rakgolo
isä
tate
äiti
mma
vauva
ngwana
tytär
morwedi
poika
morwa

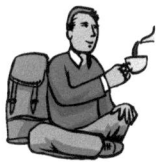

vieras

moeng

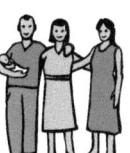

täti

rakgadi

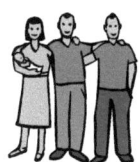

setä

malome

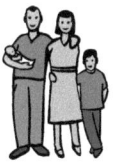

veli

abuti

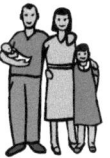

sisko

sesi

vartalo

mmele

otsa
phatla
silmä
leihlo
olkapää
magetla
sormet
monwana
kasvot
sefahlego
leuka
seledu
käsi
seatla
jalka
leoto
rinta
letswele
käsivarsi
letsogo

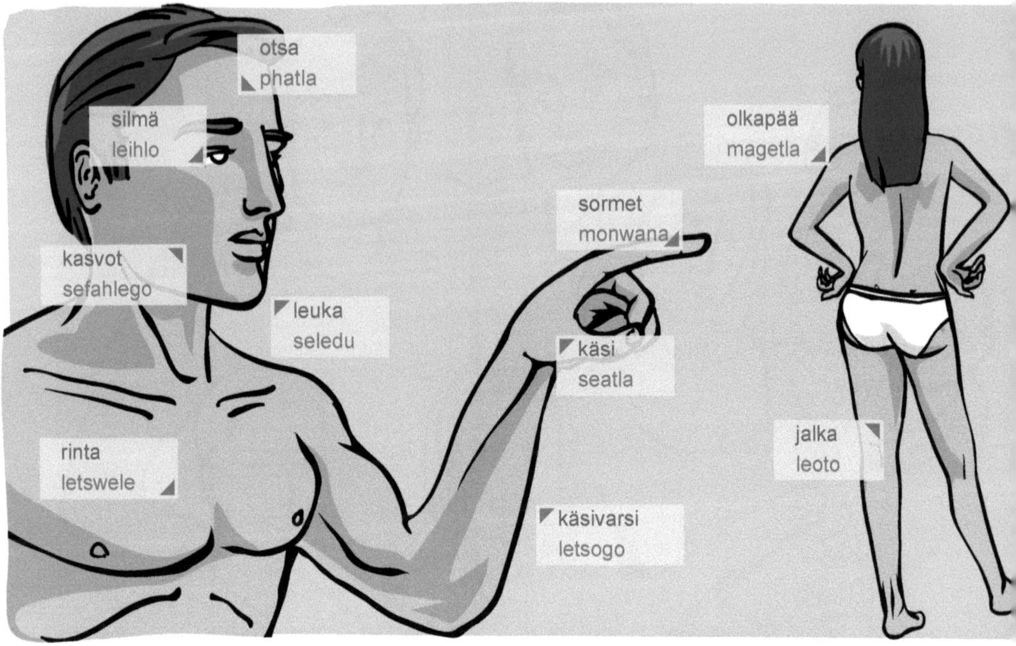

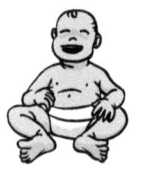

vauva
ngwana

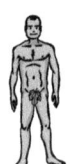

mies
monna

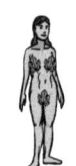

nainen
mosadi

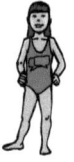

tyttö
kgarebe

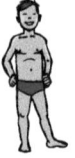

poika
mošemane

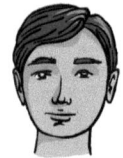

pää
hlogo

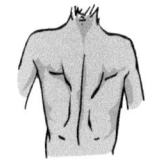

selkä

morago

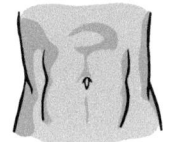

maha

mokhaba

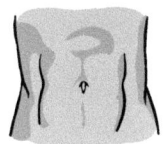

napa

mokhubu

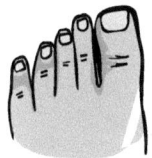

varvas

monwana

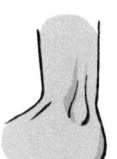

kantapää

tlhako

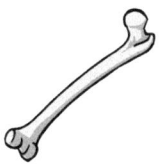

luu

lerapo

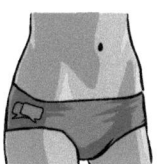

lantio

matheka

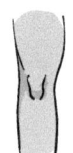

polvi

leoto

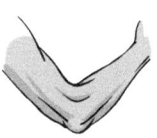

kyynärpää

khuru

nenä

nko

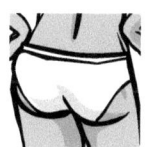

takapuoli

tlase

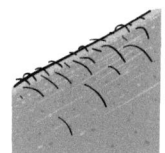

iho

letlalo

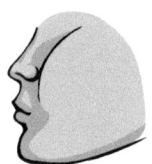

poski

lerama

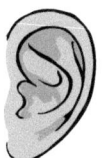

korva

tsebe

huuli

molomo

suu
molomo

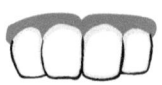

hammas
leino

kieli
Leleme

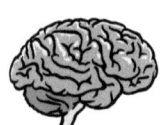

aivot
bjoko

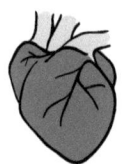

sydän
pelo

lihas
segoba

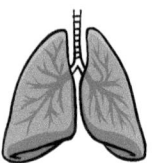

keuhkot
maswafo

maksa
sebete

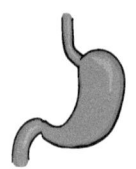

vatsa
mala

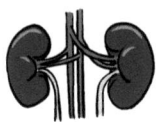

munuaiset
diphsio

seksi
thobalano

kondomi
condom

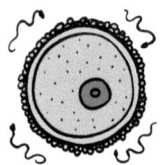

munasolu
Ovum

sperma
matshedi

raskaus
go ima

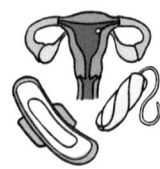

kuukautiset

go bona kgwedi

vagina

setho sa bosadi

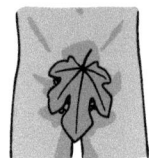

penis

setho sa bonna

kulmakarvat

dintši

hiukset

moriri

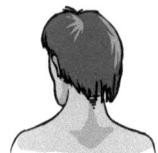

niska

molala

sairaala
sepetlele

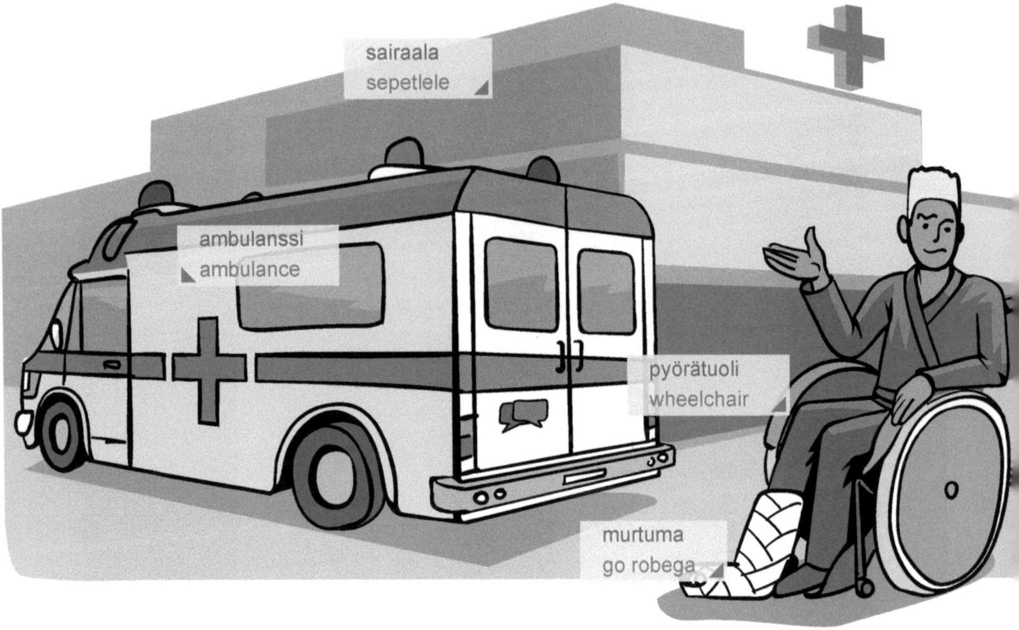

sairaala
sepetlele
ambulanssi
ambulance
pyörätuoli
wheelchair
murtuma
go robega

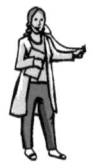

lääkäri

ngaka

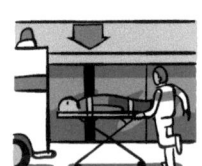

ensiapu

phapoši ya tša tšhoganetšo

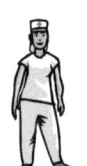

sairaanhoitaja

mooki

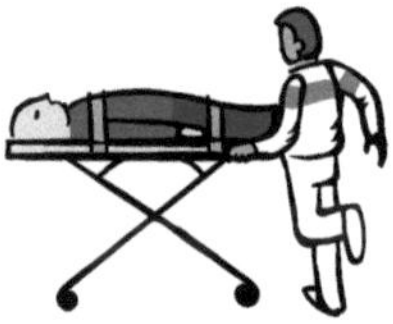

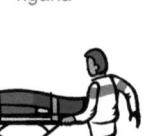

hätätilanne

tšhoganetšo

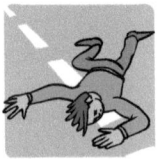

tajuton

go idibala

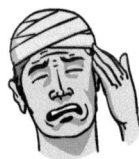

kipu

bohloko

vamma
go gobala

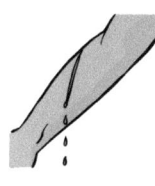

verenvuoto
go tšwa madi

sydänkohtaus
bolwetši bja pelo

aivoinfarkti
setorouko

allergia
ge mmele o ganana le dijo

yskä
go gohlola

kuume
go gohlola

flunssa
sehuba

ripuli
letšhollo

päänsärky
go opa ke hlogo

syöpä
kankere

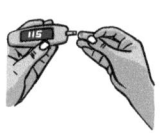

diabetes
swikiri

kirurgi
mmui

veitsi
thipa ya scalpel

leikkaus
go bulwa

ct

CT

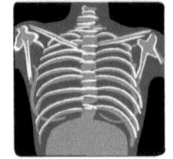

röntgen

x-ray

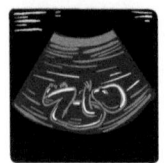

ultraääni

ultrasound

maski

sethiba sefahlego

sairaus

bolwetši

odotushuone

phapoši ya go leta

sauva

lehlotlo

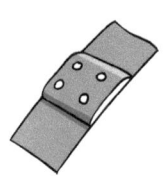

laastari

sedirišwa sa plaster

side

lešela la ntho

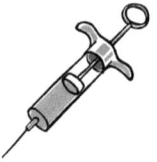

pistos

nalete

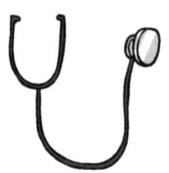

stetoskooppi

sthehosekoupo

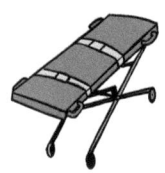

paarit

seteretšhara

kuumemittari

themoketha ya kgathelelo

syntymä

go belebga

ylipaino

mmele o mogolo

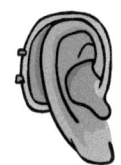		
kuulolaite	desinfiointiaine	infektio
sethuša ditsebe	disinfectant	twatši

virus	HIV / AIDS	lääke
baerase	HIV / AIDS	dihlare

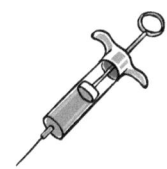	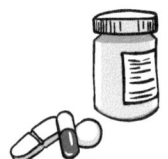	
rokotus	tabletit	pilleri
tlhabelo ya go thibela malwetši	dipilisi	pilisi

hätäpuhelu	verenpainemittari	sairas / terve
mogala wa tšhoganetšo	sehlahlobi sa pelo	go babja / phetše gabotse

Apua!

Thušo!

ryöstö

go tšhošetšwa

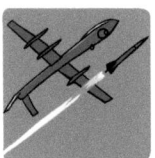

hyökkäys

tlhaselo

vaara

kotsi

hätäuloskäynti

go tšwa ka tšhoganetšo

Tulipalo!

Mollo!

palosammutin

setimamollo

onnettomuus

kotsi

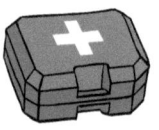

ensiapulaukku

first-aid kit

SOS

SOS

poliisilaitos

maphodisa

Eurooppa

Yuropa

Pohjois-Amerikka

Amerika Bodikela

Etelä-Amerikka

Amerika Borwa

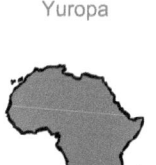

Afrikka

Afrika

Aasia

Asia

Australia

Australia

Atlantin valtameri

Atlantic

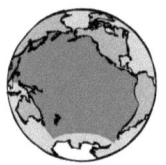

Tyynimeri

Pacific

Intian valtameri

Lewatle la India

Eteläinen jäämeri

Lewatle la Antarctic

Pohjoinen jäämeri

Lewatle la Arctic

pohjoisnapa

North Pole

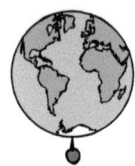

etelänapa

South Pole

Antarktis

Antarctica

maa

Lefase

maa

naga

meri

noka

saari

island

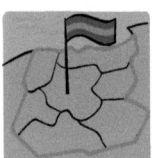

kansa

naga

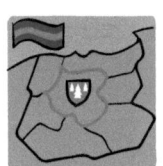

osavaltio

state

kellotaulu
....
sešupanako sa dinomoro

tuntiviisari
....
diiri tša sešupanako

minuuttiviisari
....
metsotso ya sešupanako

sekuntiviisari
....
metsotswana ya
sešupanako

Paljonko kello on?
....
Ke nako mang?

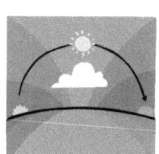

päivä
....
letšatši

aika
....
nako

nyt
....
gona bjale

digitaalikello
....
sešupanako sa dinomoro

minuutti
....
metsotso

tunti
....
iri

viikko

beke

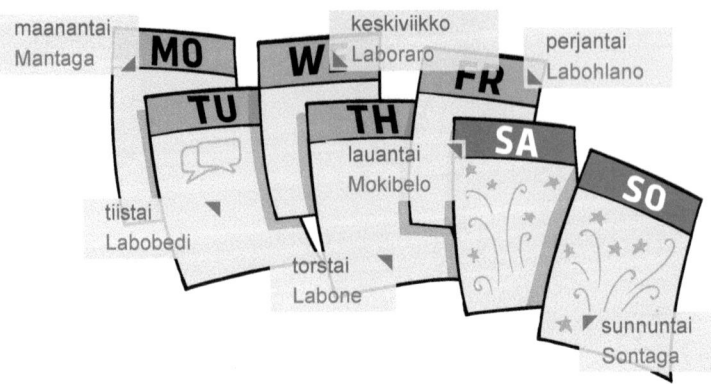

maanantai
Mantaga — MO

keskiviikko
Laboraro — W

perjantai
Labohlano — FR

TU

TH

lauantai
Mokibelo — SA

tiistai
Labobedi

torstai
Labone

SO

sunnuntai
Sontaga

eilen
....
maobane

tänään
....
lehono

huomenna
....
ka moswana

aamu
....
mesong

keskipäivä
....
Thapama

ilta
....
mantšiboa

työpäivät
....
matšatši a kgwebo

viikonloppu
....
mafelobeke

vuosi
ngwaga

sade
pula
sateenkaari
molalatladi
lumi
lehlwa
tuuli
phefo
kevät
seruthwane
syksy
lehlabula
kesä
selemo
talvi
marega

4.APRIL 11°
5.APRIL 4°
6.APRIL 13°
7.APRIL 8°
8.APRIL 10°

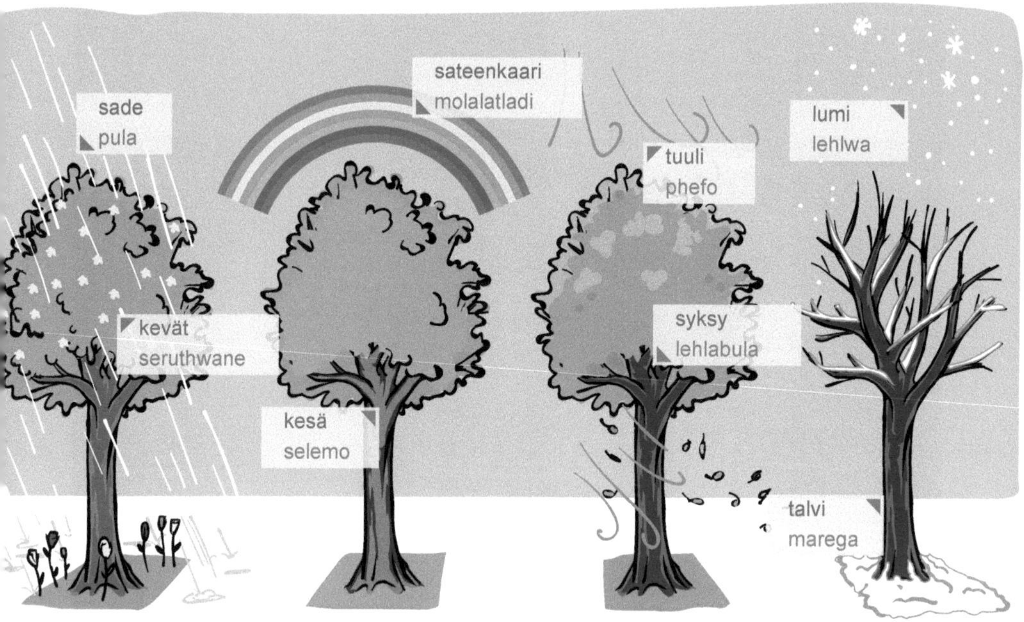

sääennuste

tsebišo ya leratadima

F C
120 40
90 30
60 20
30 10
0 0
-30 -10
-20

lämpömittari

thermometer

auringonpaiste

mahlasedi a letšatši

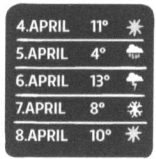

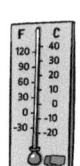

pilvi

maru

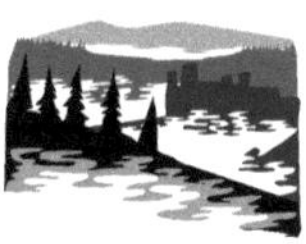

sumu

kgudi

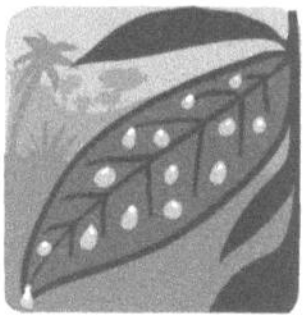

ilmankosteus

go koloba

salama

legadima

ukkonen

legadima

myrsky

ledimo

rae

sefako

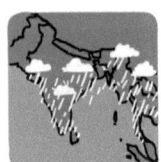

monsuuni

ledimo

tulva

lefula

jää

lehlwa

tammikuu

January

helmikuu

February

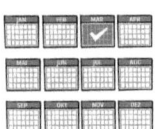

maaliskuu

March

huhtikuu

April

toukokuu

May

kesäkuu

June

heinäkuu

July

elokuu

August

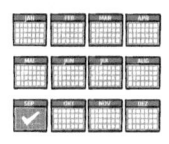

syyskuu

September

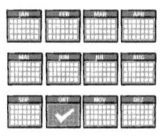

lokakuu

October

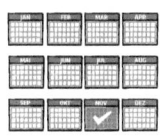

marraskuu

November

joulukuu

December

muodot
dibopego

ympyrä

nthokolo

neliö

sekwere

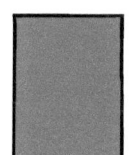

suorakulmio

rectangle

kolmio

theraekele

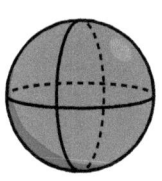

pallo

nthokolo

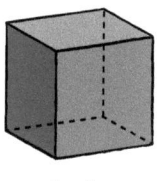

kuutio

cube

valkoinen

tshweu

keltainen

kheri

oranssi

namone

vaaleanpunainen

pinki

punainen

khubedu

violetti

phepholo

sininen

pududu

vihreä

tala

ruskea

tshehla

harmaa

kerei

musta

bontsho

paljon / vähän
še dintši / tše dinyenyane

vihainen / ystävällinen
befetšwe / theotše maswafo

kaunis / ruma
botse / befile

alku / loppu
mathomo / mafelelo

suuri / pieni
kgolo / nyenyane

vaalea / tumma
seetša / leswiswi

veli / sisko
abuti / sesi

puhdas / likainen
hlwekile / ditšhila

täydellinen / epätäydellinen
feletše / ga se e felele

päivä / yö
mosegare / bošego

kuollut / elävä
hwile / o sa phela

leveä / kapea
go bulega / go tswalelega

syötävä / syömäkelvoton

e a jega / ga e jege

paha / kiltti

bobe / go loka

innostunut / tylsistynyt

mahlahlo / go tšwafa

lihava / laiha

bokoto / bosese

ensimmäinen / viimeinen

mathomo / mafelelo

ystävä / vihollinen

mogwera / lenaba

täysi / tyhjä

e tletše / ga e na selo

kova / pehmeä

tiile / e bonolo

painava / kevyt

ya roba / e bobebo

nälkä / jano

tlala / mokhoro

sairas / terve

go babja / phetše gabotse

laiton / laillinen

ga e molaong / e molaong

älykäs / tyhmä

bohlale / lešilo

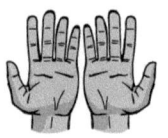

vasen / oikea

le letshadi / le letona

lähellä / kaukana

kgaufsi / kgole

uusi / käytetty

mapsha / e dirišitšwe

ei mitään / jotain

selo / se sengwe

vanha / nuori

motšofadi / mofsa

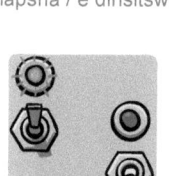

päällä / pois päältä

laeta / tima

auki / kiinni

bula / tswalela

hiljainen / äänekäs

homola / rasa

rikas / köyhä

go huma / go diila

oikein / väärin

e lokilego / e sa lokago

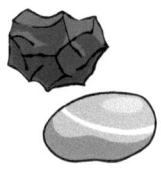

karhea / sileä

makgwakgwa / go thelela

surullinen / iloinen

go nyama / go thaba

lyhyt / pitkä

mokopana / motelele

hidas / nopea

go nanya / go kitima

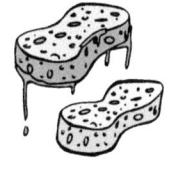

märkä / kuiva

go koloba / go oma

lämmin / viileä

borutho / go tonya

sota / rauha

ntwa / khutšo

0	**1**	**2**
nolla	yksi	kaksi
nnoto	tee	pedi

3	**4**	**5**
kolme	neljä	viisi
tharo	nne	tlhano

6	**7**	**8**
kuusi	seitsemän	kahdeksan
tshela	šupa	seswai

9	**10**	**11**
yhdeksän	kymmenen	yksitoista
senyane	lesome	lesome tee

12

kaksitoista

lesome pedi

13

kolmetoista

lesome tharo

14

neljätoista

lesome nne

15

viisitoista

lesome tlhano

16

kuusitoista

lesome tshela

17

seitsemäntoista

lesome šupa

18

kahdeksantoista

lesome seswai

19

yhdeksäntoista

lesome senyane

20

kaksikymmentä

masomepedi

100

sata

lekgolo

1.000

tuhat

sekete

1.000.000

miljoona

milione

englanti

Seisemane

amerikanenglanti

Seisemane sa Amerika

mandariinikiina

Sechina sa Mandarin

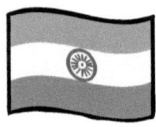

hindi

Sehindi

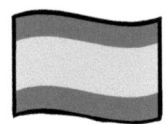

espanja

Spanish

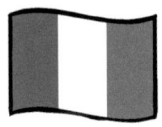

ranska

Sefora

arabia

Searabic

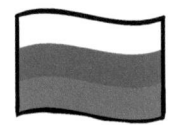

venäjä

Serašia

portugali

Sepotokisi

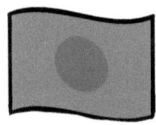

bengali

Sebengali

saksa

Sejeremane

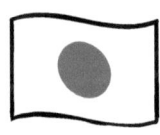

japani

Sefapane

minä

Nna

sinä

wena

hän

yena / yona

me

rena

te

wena

he

bona

kuka?

bomang?

mitä / mikä?

eng?

miten?

bjang?

missä?

mo kae?

milloin?

neng?

nimi

leina

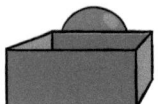

takana

ka morago

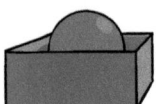

sisällä

go

edessä

kgaufsi le

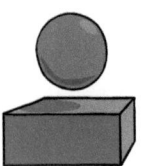

yläpuolella

godimo ga

päällä

go

alapuolella

ka tlase ga

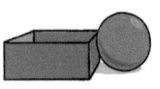

vieressä

ka lehlakoreng la

välissä

magareng ga

paikka

lefelo